HEYNE MINI

Sachsen Dictionary

SÄCHSISCH·DEUTSCH
DEUTSCH·SÄCHSISCH

von Bernd-Lutz Lange

Illustrationen von Lothar Otto

WILHELM HEYNE VERLAG
MÜNCHEN

Heyne MINI Nr. 33/1292

5. Auflage

Copyright © 1995 dieser Ausgabe
by Wilhelm Heyne Verlag GmbH & Co. KG,
München
Mit freundlicher Genehmigung
des Eichborn Verlages, Frankfurt/M.,
aus dem Band »Deutsch-Sächsisch«
von Bernd-Lutz Lange entnommen.
Umschlaggestaltung:
Atelier Ingrid Schütz, München
Satz: Fotosatz Völkl, Puchheim
Printed in Germany 1997

ISBN 3-453-09516-2

Inhalt

Einführung für Nichtsachsen

von B. L. L.

Sie hamms schwer. Pardong! Sie haben es schwer, denn was der Sachse so an Wörtern zusammenzieht, das müssen Sie wieder mühsam »auseinanderbiehbln«. Dann kommt hinzu, daß sich manche Vokale total verändern und wir nicht in der Lage sind, ordentlich harte Konsonanten auszusprechen. Merken Sie sich also gleich die oberste sächsische Sprachregel:

De Weechn besiechn de Hardn!

Das gibt es nur in Sachsen! Keine Regel gibt es für die sächsische Schreibweise. Machen Sie sich also bitte darauf gefaßt, daß jeder Verfasser solcher Texte eine eigene Schreibweise hat ... wir sind halt ein kreatives Völkchen!

Jetzt fällt mir ein, daß der Sachse manchmal doch in der Lage ist, einen harten Konsonanten auszusprechen ... aber nur dort, wo er überhaupt nicht hingehört – dann fährt er nämlich sein Auto plötzlich in die »Karasche«!

Sollten Sie noch nie in Sachsen gewesen sein (ich kann mir's zwar nicht vorstellen, aber so was soll's geben!), dann glauben Sie bitte nicht, daß überall Sächsisch gesprochen wird! Schließlich gibt es dort das schöne Vogtland und das Erzgebirge, und da hat jeder kleine Ort einen eigenen Dialekt. Bei Zwickau (in jener Stadt bin ich aufgewachsen) gibt es Wilkau-Haßlau. Da redet man in Wilkau schon anders als in Haßlau ... hinter Zwickau beginnt jene Gegend, wo die »Hasen Hosen und die Hosen Husen haßen«. Gert Fröbe, den Zwickauer, habe ich an der Aussprache seines »a« immer noch als solchen erkennen können. In schöner Erinnerung ist mir der Satz aus einem Film, in dem er wieder mal einen »Bösen« spielte: »Leck mich doch om Orsch!«

Meine Mutter war mit der Mutter des von mir verehrten Fröbe bekannt, und die begriff nicht, daß ihr Sohn immer wieder diese Rollen spielte: »Du bist doch so ein guter Kerl, mußt du immer solche Bösen spielen!?«

Ich fange an, mich zu verplaudern … Schwatzhaftigkeit … *die* Berufskrankheit der Sachsen!

Sächsisch ist vielfältig. Es hat viele Nuancen, vom Poetischen bis zum Ordinären. Es gibt auch ein denunzierendes Sächsisch. Wenn bei einem Schwank im Fernsehen ein Blöder gebraucht wird, muß der automatisch sächsisch reden! Und was für eins – so wie sich das Regisseur und Schauspieler vorstellen, wie es angeblich klingen würde!

Lene Voigt, die große Leipziger

Mundartdichterin, hat einmal sinngemäß gesagt, daß für sie jener Sachse besonders kurios wäre, der sich schäme, einer zu sein. Er kann es ja doch nicht vertuschen! Also lieber dazu bekennen, die Schönheiten der Sprache entdecken und genießen. So wie Lene Voigt in ihrer »Leibzcher Bargarohle«. Dort reimte sie u. a.:

Ahmdwolken freundlich wie
Lämmchen
schwähm iewrn Gobbe mir wägg,
daß'ch ganz geriehrt in mei
Bämmchen
beiße midd auswärdchn Schbägg.

Nun versuchen Sie mal, im Hochdeutschen ein kleines Brot auf ein Lamm zu reimen …!

Ein Wort noch zu den Spannungen zwischen Sachsen und Berlin. Sächsisch war dort in den letzten Jahren nicht sehr beliebt. Da hat der Leipziger Walter Ulbricht eine große Aktie dran. An die Berliner Mauer stellte er logischerweise keine Berliner.
Es traf vor allem die Bewohner des dichtestbesiedelten Gebietes der DDR – also die Sachsen. Und so kam der böse Begriff »Sachsenmauer« auf.

Im Herbst 1989 haben die Leipziger wieder ausgebügelt, was jener ungeliebte Sohn dieser Stadt »vorrzabbd« hatte. Und die Dresdner haben mitgeholfen und vor allem auch die vielen mutigen Leute von Plauen, von denen heute schon kaum jemand mehr redet …
Das nur mal nebenbei.

Nun muß ich gegen Ende dieser Einführung natürlich auch noch einmal auf den Dialekt kommen … und auf die liebenswürdige Art jener, die ihn sprechen … und das mache ich am besten mit dem Text eines Dresdners, den Sie alle kennen:

ERICH KÄSTNER

Als einer über den Dialekt lachte

Ich habbs nich gerne,
wennse driewer lachn.
Da bin ich komisch,
weil ichs gar nich bin.
Sie denkn bloß, mit uns,
da kennses machn.
Kommse nur hin.

Wenn Sie da nur nich
irchendwas verwechseln!
Daß Sie uns kenn,
das is noch längsd nich raus.
Sie denken, daß wir
Ihretwähjn sächseln?
So sehn Sie aus.

Wir sinn nich so gemiedlich,
wie wir schbrechn.
Wir hamm, wenns sein muß,
Dinnamit im Bluhd.
Da kennse Gifd droff nähm,
daß wir uns rächn!

Na, Ihr Gesichde merkd
sich ja ganz guhd.
Wir wärn Ihn' schonn noch
mal de Knochen brechn.
Nur Muhd!

Begrüßung / *Begrießung*

Guten Morgen   Morschn!
                                 Moin!

Guten Tag!   Daach!

Guten Abend!   Nahmd!

Gute Nacht!   Nachd ooch!
                                 Schnarch guud!
                                 Angenehmes
                                 Flohbeißn!

Können Sie mir Wie schbähd
bitte sagen, wie hammrsn?
spät es ist?

Entschuldigen   Schulldchnsä!
Sie bitte!

Wie geht es Ihnen!

Wie gehdsn so?
Wie gehds
dänne?
Was machnsn
Scheenes?
Was machdn de
Gunsd?
Isses Lähm
noch frisch?

Körper / *Göhrborr*

Der sächsische Mensch zerfällt in folgende Teile:

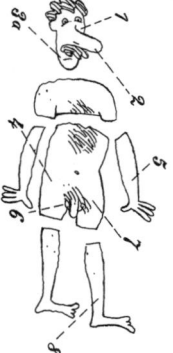

Kopf	Gobb
	Dähz
	Dunsdgullr
	Gärbs
	Nibbs
	Nischl
	Riewe
	Bärrne
	Färnßche
Augen	Oochn
	Guggln
	Gnäbbe
	Glozzn
hervortretende Augen	Glubbschoochn

Nase	Gorge
	Leedgolm
	Gewärznälge
	Rieschor
	Bohbldurm
	Schnarchhagn
	Zingkn
Mund	Gusche
	Glabbe
	Rand
zum Schmollen oder Weinen verzogener Mund	Fläbbe
loses Mundwerk	Dräggschleidr
Ohren	Leffl

Kopfhaar	Loodn
	Bäls
Nacken	Genigge
	Ganndhagn
	Gummdleisdn
	Schlaffiddchn
Hals	Gorchl
Hände	Flossn
	Fohdn
Füße	(aber auch die »Knochen« allgemein im Körper) Gnäwwrtchen
Füße	Laadschn
	Rennsämmln

große Füße	Gwadrahd-laadschn
Schweißfüße	Schweeßbämm
Bauch	Wannsd Ranzn Wambe
Gesäß	Bobsr Bobbo Bohdäx
Glied	Schniebl
Rücken/ Rückgrat	Greiz
weibliche Brüste	Diddn Mebbse

Krankheit / *Grangkheed*

**Ich habe Kopf-
weh.**

Mir brummd
dorr Nischl.
Mir duhd
meine Riewe
weh.

**Ich habe
Bauch-
schmerzen.**

Mir zwärrnds
so im Bauche.
Ich hawwe
Wansdram-
meln.

**Ich habe Brust-
schmerzen /
starken Husten.**

Ich habbs
awwer off dorr
Blauze!

Er hustet stark.

Dähr bälld
awwer!

Mir ist es schwindlig.	Ich hawwe ä Drallewadsch. Mir isses heide immer so drehnd! Mir isses heide äffdrsch blimmerrand zumuhde.
Ich habe ein Blütchen am Mund.	Ich hawwe änne gleene Gaage an dorr Gusche.
Er muß sich übergeben.	Dähr reierd iewer siebn Beede!
Ich habe Herzklopfen.	Ich hawwe Härzebubbrn.

Mir ist es übel.	Mir isses so goddrich.
Ich habe Rückenschmerzen	Ich habbs im Greize.
Ich fühle mich heute gar nicht wohl.	Mir isses heide gar nich hibsch.
Du siehst heute blaß aus.	Du siehsd heide ganns gähgch aus!
Mich fröstelt es.	Misch schuwwrds egal.
Ich habe Durchfall.	Ich habbn floddn Oddoh.

Körpergröße/
Göhrborrgreeße

Wie alle Menschen dieser Welt ist
auch der Sachse von unterschied-
licher Gestalt:

Ein kleiner Mensch	änne hallwe Borrdzchon ä Schdobbl-hobbser ä Schnieblich änne Zwägge
Ein großer Mensch	änne lange Ladde ä langes Elend ä langes I ä langer Luhlaadsch ä langer Schlaadz ä Briechl
Ein dicker Mensch	änne Donne ä Fäddr änne Gullr

Ein dünner Mensch	ä Schdrich ä ausgegnaubeldes Gärrschguchngesichde
Eine dicke Frau	änne Dammfwalse
Eine dünne Frau	ä Gangkr

Charakter / *Garaggdorr*

Alle negativen Eigenschaften, die Menschen besitzen können, machen auch vor dem Sachsen nicht halt. Er unterscheidet sich höchstens dadurch von den anderen Stämmen, daß er seine miesen Typen mit mehr Ausdrücken als andere bedacht hat!

Eine unsympathische Frau	ä Bähsn
	ä Graublwäddr
	ä Raddn-
	gewiddr
	ä Räff
	ä Reiweisen
	änne Schbin-
	nahdwachdl
	änne alde

änne Mäggrzieche

Zimmdzigge än-
ne Mäggrziehe

Ein liederliches　ä Fächr
Mädchen　　　　ä Loddrich

30

Eine albern lachende Frau	änne Giggerliese
Ein frecher Mann	ä Flähz ä Lauseräddch ä Rodzdoffl
Ein dummer Mann	ä Bleedmann ä Dummbuffr ä Gwährarsch ä Riemschwein ä Gnusbergobb ä Brummochse ä Dussldier ä Hirni
Ein unredlicher Mann	ä Lumbrich ä Luhmich

Ein rücksichts-loser Mann	ä Rungks
	ä Riewwl
	ä Grähbl
Ein eingebilde-ter Mann	ä Binsl
	ä Boomaffe
	ä Glabbsgobb
	ä Glabbsmann
	ä Glabbsr
	ä Glabbsrich
	ä Laggaffe
	ä Läggarsch
	ä Schdiggchn
	Frosd
Ein Frauenheld	ä Bussier-schdängl
	ä Sießhahn
Ein unruhiger Typ	ä Gallfaggdr

Liebe, Ehe, Familie /
Liewe, Ehe, Familche

Geliebt wird in Sachsen wie überall in Deutschland.

Die Männer sind im Vorteil: In Sachsen, wo die hübschen Mädchen wachsen!

Die werden höchstens noch von den Polinnen übertrumpft. Sie wissen ja – der Polin Reiz ist unerreicht. Aber dann kommt sofort die Sächsin! Drum holen uns die Männer aus allen deutschen Landen unsere schönen Mädchen weg. Zum Glück wachsen sie immer wieder nach. Glauben Sie mir, je älter ich werde, desto mehr junge hübsche Sächsinnen gibt es in Leipzig!

Auch in Sachsen wird nicht jede
Liebe gleichermaßen erwidert. Es
gibt auch tragische Fälle:

An Baula

Sächsische Serenade

Horch druff, meine Baula,
mei Schatz,
dei Liebster schteht hier
uffm Blatz
un rubbt de Gidarre so sieß.
O Baula, du mei Baradies!

Erheere mei zärtliches Flehn,
gomm runter bei mich,
un mir gehn
dann sälich dief nein in dn Wald.
Ach Baula, bis doch nich so galt!

Hast du denn gee Härze
im Leib?
Du Saddan, du deiflisches Weib!
De Liewe, die nagt wie ä Worm.
Ja, Baula, du hast mich verdorm.

Doch wennde nich balde
gommst raus,
da fack'ch de Gidarre vorsch
Haus
un bammle mich uff an ä Boom!
Du, Baula, das gannste mir
gloom …

Lene Voigt hat den Mann be-
lauscht, der »so sieß de Gidarre
rubbte«.
Liebeserklärungen waren ja in
den zwanziger Jahren noch von
ganz anderer Qualität! Wie alles

dazumal! Hier noch ein Beispiel:
»Das schönste Weib, das ich je ge-
sehen habe, sind Sie! Sie sind
mein Traum bei Tag und Nacht!
Mein Sehnen und mein Bangen!
Ich lechze nach Ihrer Umarmung
wie der Hirsch nach frischem
Wasser! Mit glühenden Küssen

möchte ich Ihre Lippen bedecken! Voll Wollust wühlen in der Flut Ihrer blonden Haare, im Rausch vergehen vor Liebe und Wonne! Sag, Göttin meines Daseins, Kaiserin meines Lebens, könntest du mich lieben?«

Die Angebetete hat stumm und erschüttert zugehört und sagt dann nach einigem Nachdenken: »Ich gloowe – das läßd sich machn!«

Wollen wir hoffen, daß es der Mann auch wirklich ernst meinte und nicht aus irgendeiner Laune heraus ein Herz entzündete! Dafür gibt es ja leider auch genügend Beispiele.

Und deshalb warnte Max Vor-

meyer auch seine Geschlechtsge-
nossen:

Gogle nich!

Gogle nich, gogle nich!
Menschenskind, ich warne dich!
Bei der Gogelei ist ofte
Der Erfolg nich der erhoffte.
Manches Feierchen entstand
Un nahm forchtbar iewerhand.
Un im ibrigen un so –
Brennt manch Herz gleich
lichterloh.
Manches Mädchen, ach so jung,
dieserhalb ins Wasser gung.
Gogle nich!

Nicht wahr, da kann es einem
schon »bliemerand« werden, was

aus solchem »Rumgegogl« werden kann! Und das betrifft ja nun nicht nur die Sachsen – das kann überall in deutschen Landen passieren!

Der Vater	dorr Babba
Die Mutter	dä Mamma
Der Säugling	das Währchl
	dorr Zullbr
	dä Biezgreede

Das kleine Kind	ä Balch
	ä Beeboh
	ä Bohbl
	ä Borbs
	ä Borzl
	ä Buzz
	ä Buzzlmann
	ä Fängschdigg-chn
	ä Zwunsch
	ä Gärlchn
	ä Gaggr
	ä Griewaadsch
	ä Säggsr
	änne Borbe
	änne Griefe
Ein unartiges Kind	ä Räbchn
	ä Rawe
	ä Wannsd

Ein komisches Kind	ä Radieschen änne budzche Nuudl
Kinder (allgemein)	Wärmer Worzzlwärgind- chaner
Der Sohn	dorr Sängk
Eine liederliche Familie	änne Buchd
Schlechter Wohnraum	änne Buw- werdzsche änne Hornzche

Die sächsische Familie im Alltag

Ich bin immer müde.	Ich gennde egahl boffn.
Schmoll nicht!	Duh nich so rummdiggschn!
Da kann ich mich aufregen!	Da gannch fuchdch währn! Da wärch wuhdch!
Erzähl nicht soviel Unsinn!	Du nich so rummgähsn! Du erzählsd ein Gwadderadaddsch.

| **Heute trinke ich mal ein Glas.** | Heide duhch morr een genähmichn / anschmohrn. Heide duhch een gimmeln / een schwäbborn. |
| **Du bist mir völlig gleichgültig.** | Du gannsd mich mal fimfrn/fäddläggn. |

Der Vater hat zuviel getrunken!	Dorr Babba is bedudeld!
Kannst du nicht mal eine Minute stillsitzen?	Mußt du immor so rumrangkrn?
Du sollst mir zuhören!	Du sollsd dä Läffl uffschbärn!
Gib mir ein unbelegtes Brot.	Gibb mir mal änne droggne Bämme.
Was hast du vergessen?	Was hasdn schon widdr vorrbummfiedld?

Du bist doch bis auf die Haut durchnäßt!	Du bisd doch biddschenass.
Im Zimmer ist es warm.	In dähr Buhde is awwr änne Dämmse.
Darf ich die Kekse eintunken?	Gannch die Gehgse diddschn?
Du sollst dich nicht bekleckern!	Duh dich nich besawwrn!
Schmatz nicht!	Duh nich gäddschn!
Ich habe mich an den Kopf gestoßen!	Ich habb mich an de Bärne gerammld!

46

Schule / *Schule*

Die sächsischen Schülerinnen und Schüler haben es schon schwer! Sie wachsen mit diesem extrem weichen Dialekt auf und sollen dann in den Schulstunden in der Hochsprache schreiben und lesen! Wie quält sich da mancher beim Aufsagen eines Gedichtes, um ein »t« oder »p« zu artikulieren … Mir ist nur eine Geschichte bekannt, wo das zur Zufriedenheit des Lehrers außerordentlich gut klappte. Edwin Bormann, ein Leipziger Dialektdichter, hat sie Anfang des Jahrhunderts als besondere Ausnahme gleich in Reime gesetzt:

Theodor Doppelburg oder
Ä hochdeitscher Leibz'ger

Da is Sie ä Owerschulrat aus
Dräsen
Daneilich ämal in Leibzig
gewesen.
Hat mancherlei Schulen
geinspiziert
Un sich iewer de
Leibziger Sprache
mockirt.
Doch der eene Lehrer,
Herr Dokder Knauf,
Der sprach. »Ich halte stets
darauf,
Meine Schüler beständig zu
unterweisen,
Daß sie sich des besten
Hochdeutsch befleißen;

Und besonders das T, das P und
das K
Sind bei meinen Schülern ganz
tadellos da.«
Un der Schulrat griff sich eenen
raus:
»Mein Sohn, sprich mal Theater
aus.«
Un sehn Se, da wärd doch mei
Urian uffstehn
Un spricht Sie Theater – mit
zwee harden Deen.
Der Schulrat nickte:
»Jetzt sage mir
Einmal recht deutlich das Wort
Papier.«
Un sehn Se, der Bengel,
eiherrchees,
der spricht Sie Papier – mit zwee
harden Bees.

»Jetzt aber kommt's Schwerste;
hör achtsam mir zu
Und sage auf Hochdeutsch
Kakadu.«
Das war fer das Gerlchen nu
bloß ä Spaß:
Kakadu sprach er – mit zwee
richt'gen Gaas!
Da ruft der Schulrat:
»Herr Doktor, nein,
Das kann kein richt'ger
Leipz'ger sein!
Wie heißt du?« - »Theotor Topp-
pelpurk, Keporener Leipz'ker
turch un turch!«

Mit überraschenden Antworten müssen die Lehrer in Sachsen allemal rechnen: »Wer kann mir von euch sagen, was man unter ›Paterre‹ versteht?«

»Das Geeschndeil von ›baar Digge‹!«

Die Deutschstunde bringt für den jungen Sachsen ungeahnte Probleme mit sich. Der kleine Christian soll das Präsens von »haben« konjugieren:

»Ich habe, du … hast, er hat …«, darauf eine Pause und dann ganz schnell – »da hammrsch, da habtrsch, da hammses!«

Aber nicht nur die Kinder, auch die Erwachsenen »hamm« da ihre Probleme:

Lene Voigt

Das Främdword

»Muddr, dr Lährer hadd heide in dr deidschn Schdunde verbodn, daß mr Abblgriebs sachn. Das wäre gee richdches Word un schdinde iwerhaubd nich in dr Rechtschreibunk drinne.«

»Nu, wie solldr dänne sonsd sachn?«
»Abblgeheise.«
»Wa?«
»Abblgeheise.«
»Ach du griene Neine, so ä Gohl! Das nennd sich nu deidsche Schdunde, un was griechn de Gindr drinne gelärnd? Främdwärder!«

Oder: Der Lehrer übt mit der Schulklasse Wörter, die auf »wärts« enden: vorwärts, rückwärts, aufwärts, seitwärts … Kommt aus einer Bank als Ergänzung: »Nischd wärds!«

Die Sieben- und Achtjährigen lernen im Musikunterricht im Dezember das Weihnachtslied »Ihr Kinderlein kommet«. An der Stelle »Die redlichen Hirten knien betend davor« angekommen, fragt der Lehrer, was »redlich« bedeutet. Keiner weiß es, bis einer der Schüler eine Erleuchtung hat: »Die Hirten waren braungebrannt!« (rötlich)

Wenn Ihre Kinder auch nicht zu den Spitzenreitern in der Schule gehören, dann können Sie sich mit dem folgenden Gedicht von Lene Voigt beruhigen. Nicht umsonst nannte sie es

Dreesdliche Aussicht

Jeder Lehrer ganns bestätchen,
obs bei Jungs is oder Mädchen,
daß de Musterschieler selten
später ooch als Erschte gelten.

Meerschtens bliemse
Dorchschnittsware
un verbrachten ihre Jahre
brav in ärchend e Biro,
wärchten sich dorchs Lähm
nu so.

Doch de mittelmäßchen Lerner,
denen's Erschtesin laach ferner,
glettern heifich im Berufe
bis zur allerheechsten Stufe.

Mit ihrn braktschen Sinne
spiernse
jede Schangse. Schnell
gabiernse,
wie's am sichersten gelingt,
daß dr Mensch sich nuffwärts
schwingt.

Drum ihr Väter un ihr Mitter,
nähmts nich schwär un nähmts
nich bitter,
wenn e Schulgind Jahr fier Jahr
von dr Mittelsorte war.

Zum Schluß des Schulkapitels
noch einige Vokabeln:

Ein Abc-Schütze	ä Achdngruhdschr
Ein langsamer Schüler	ä Mährfriede ä Mährmus ä Mährich ä Mährsagg
Eine langsame Schülerin	änne Mährliese änne Mährsuse
Er läuft langsam.	Dähr duhd awwer widdr rummährn!
Ein kleiner Denunziant	änne Bädze

Ein begriffs-stutziger Schüler	änne Drahn-duhde
Ein Schüler mit blonden Haaren	ä Semmelgobb ä Weißgraud
Ein Schüler mit roten Haaren	ä Feiermelder
Schularbeiten	Schullrzchn
Radiergummi	Raddchor Radzefumml

Berufe / *Berufe*

Apotheker   Gifdmischer
                        Billndreher

Bäcker   Deechaffe
                        Deechwammsr
                        Fangguchn-
                        mongdeer
                        Glunschr
                        Sämml-
                        dächniggr

Friseur   Vorrscheene-
                        rungsrahd

Verwaltung   Fauldierfarm

Verwaltungs-
angestellter   Sässlbubsr
                        Sässlforrzr
                        Bierohängsd

Gärtner	Worzlsäbb
Gastwirt	Gneibr
Kellner	Serwierflähz
	Serwierwannşd
Tischler	Holzwurm
Elektriker	Schdäggdohsn-gassber
Bergmann	Schachdr
Kaufmann	Goofmich
Maler	Binslgwälr
	Gläggsr
Schienen-reiniger	Rizzngizzlr

Schleusen-arbeiter	Diefbaudächniggr
Schriftsteller	Fädrhängsd
Polizist	Bollezeier Bordschdeingandnlaadschr
Zahnarzt	Guschnglämmbnr
Schornstein-feger	Feierriebl

Café / *Gaffee* und Restaurant / *Räsdorang*

Kein Mensch sagt »Bierbayer«, aber wir haben wegen unseres Nationalgetränks unseren Spitznamen weg: die »Kaffeesachsen«! Na und? Machen Sie ruhig Gebrauch davon, wir tragen den Titel in Ehren. Das Kaffeetrinken artet eben bei uns ein wenig in eine Kulthandlung aus. Eine Tasse Kaffee stürzt man nicht hektisch runter! Dazu braucht's Muße. Ein Anti-Streß-Mittel: »Mir dringkn erschd ma ä Gaffee.« Das heißt immer: Wir überdenken die Sache noch einmal in Ruhe.

Wenn sich die Sächsinnen und Sachsen im trauten Heim ent-

spannen wollen, dann »machn sie
sich's gemiedlich«. Und genießen
ihr »Schälchen Heeßn«. Aber –
unter uns: Bier trinken wir genau-
so gern …

Hans Bauer

Ein Glas Bier

»Herr Ober, ich möchte ein
Bier.«
»Dungkles oder helles?«
»Helles!«
»Auswerrdjs oder hießjs?«
»Auswärtiges.«
»Solls e großes sein, oder ge-
niechd e gleenes?«
»Ein großes.«
»Auswerrdje Biere hammr nur in
gleen Gläsrn da.«

»Meinetwegen. Bringen Sie mir ein kleines.«

»E gleenes Dungkls?«

»Nein, ein kleines Helles.«

»Se wolldn doch e auswerrdjs Bier?«

»Ein auswärtiges Helles.«

»Mir ham bloos auswerrdjs Dungkls, 's Helle is hießjs.«

»Zum Donnerwetter, ich will ein helles Bier. So bringen Sie mir ein hiesiges Helles!«

»E grooßes Helles?«

»Ein kleines Helles.«

»Hießje Biere wern nur in grooßn Gläsrn servierd.«

»Bringen Sie mir ein großes hiesiges Helles.«

»Se endschuldchn giedichsd. Se wernschs wohl nich enschließn genn, e Dungkles ze nehm, 's Helle muß nämlich erschd nei angeschdeggd wern.«

Der Herr packt den Kleiderständer neben sich und wirbelt ihn dem Kellner in die Visage.

Dann bestellt er einen doppelten Kognak.

Apropos Kognak:

Ein Gast bestellt in einem Café ein Stück Torte. Als der Ober mit der Torte kommt, hat er es sich inzwischen anders überlegt, läßt sie zurückgehen und wünscht einen Kognak. Nachdem er den ausgetrunken hat, will er das Café verlassen. Der Ober hält ihn auf: »Endschuldchn Se, aber Se hamm noch gar nich bezahld!«

»Was sollchn bezahln?«
»Nu, denn Gonnjagg!«
»Für den habch Ihn doch die Dorde gegähm.«
»Awer die hammse ja ooch nich bezahld!«
»Die habch ooch nich gegessen!«

In einer Konditorei bestellt ein Gast:

»Een Gwargguchn bidde.«
Nach dem ersten Bissen ruft er den Ober und meint: »Es duhd mir leid, awer dähr Gwargguchn schmäggd nich! Dähr is bidder!«
Dem Ober tut das nun ebenfalls leid, und er schlägt vor:
»Mir genn das Schdigg ja umdauschn. Winschen Se vorrleichd ä Schdigg Schdreisselguchn?«

»Na scheen, bring Se mir ä Schdigg Schdreiselguchn. Awer ich hawe dähn Gwarrguchn ja schon angebissn!«

»Das machd nischd. Mir hamm ooch angebissnen Schdreiselguchn!«

Sie merken schon, in Sachsen ist man nicht so pingelig. Machen Sie sich also bei einem Besuch auf einiges gefaßt! In der folgenden Begebenheit kommt es noch schlimmer:

Im Kaffeehaus sitzt ein Mann am Tisch, der seinen Nachbarn augenscheinlich etwas fragen will. Schließlich faßt er sich ein Herz: »Entschuldchn Se, derfde ich

mein Guchn mal in Ihrn Gaffee
didschn? Meiner is nämlich alle.«

Hier noch einige Vokabeln und
Redewendungen aus dem Café-
und Restaurant-Milieu:

Kaffee	ä Schälchn Heeßn
Malz- bzw. dünner Kaffee	Bliemchn
schlechter Kaffee	Blämmbe Lohrge Lahdsch Briehe Blärre
Kakao	Gaggau
Krapfen	Gräbblchn Nonnferzchn
Streusel (auf dem Streuselkuchen)	Grummbln

Pfannkuchen	Fangguchn
schliff gebacke- ner Kuchen oder Brot	Gliddsch Glunsch
Kostprobe	Gossdehäbbchn
Kartoffelpuffer	Bufferde Griener Gedze
Eierkuchen	Blinnsn
Quarkkeulchen	Gwahrg- gliddscher
streuselkuchen- artiges Gebäck	Schdrummb- sohln
Beefsteak	Bäffschdägg

ein großes Stück Brot	ä Rungksn
Kartoffeln	Ähborn
Eintopf aus tierischen Eingeweiden	Biebn un Flegge Brei Babbrschmadz
Trinkgeld	Schdoob
Die Bedienung ist sehr schnell.	Das fluddschd awwr heide.
Der Kellner bedient besonders langsam.	Dähr Ohwer hadd awwr vorrleichd änne Arschruhe.

Zigarre	Gähgworzl
	Schdingomingo
Zigarette	Schdähbchn
	Sarchnahchl
	Fleede

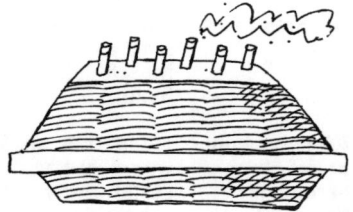

Der Kellner muß schwer tragen.	Dähr hadd awwr zu badalchn / zu bullgsn.

Schließ bitte den Mund beim Kauen!	Gäddsche nich!
Was gibt es zu essen?	Was hammsn heide?
Die Speisekarte bitte!	Ohwer! Bringse ämal en Maachnfahr-blahn!
Ich habe Appetit auf etwas besonders Pikantes!	Ich mechde mal was recht Läg-gerfäzzches / Schnärbliches!
Nag das Fleisch vom Knochen ab!	Nu, gnauble das viele Fleesch noch ab!

Der Gurken-salat ist ge-schmacklos.	Di Gorgkn schmäggn nach nischd!
Ich habe zuviel gegessen.	Jädz habbch morr awwr dähn Ranzn vollgehaun.
Es hat mir nicht geschmeckt!	Das war awwr ä Fraas!
Das Essen ist fade.	Das Ässn schmäggd labbch / läddsch.
Das Essen hat keine Beilagen.	Das is awwr ä naggsches Ässn.

Trink nicht so schnell!	Schdärze doch das Zeich nich so nundr!
Der Mann ist betrunken.	Dähr is awwr gnille.
Trinken wir ein Glas?	Wolln morr een zwiddschern? / een nibbn? / een gimmln? / een nädscheln?

Theater / *Deahdr* und Konzert / *Gonnsärd*

Der Sachse ist zumeist der Kunst sehr zugetan. Schließlich hat er Phantasie! In den unterschiedlichsten Arten!

Das geht von Friedrich Nietzsche bis Karl May, von Joachim Ringelnatz bis Hedwig Courths-Mahler, um Ihnen mal die Spanne anzudeuten.
In der Musik kann er mit ganz Großen aufwarten: Bach, Händel, Schütz, Schumann, Wagner ... Jawohl, nehmen Sie das ruhig mal zur Kenntnis: Der heroische Richard Wagner sächselte!

Normalerweise »machd« der Sachse ja alles.

Er »machd in de Schdadd« oder »zum Ongkl«, »nuff nach Rieschn« oder »nunder nach Idalchen«, aber ins Theater und Konzert, da »machd« er nicht, dahin geht er. Das gebietet der Respekt vor der Kunst.

Vor lauter Ehrfurcht begannen deshalb die Konzertbesucher im Leipziger Gewandhaus, sich in den Pausengesprächen eines besseren Deutsches zu befleißigen ... deshalb »Gewandhaus-Sächsisch« genannt.

Lene Voigt ging auch gern ins Theater. Sie empfand besonders die

Vorfreide im Deader

Schon de Spannung vorhär is
enne Wonne ganz gewiß.
Scheen gebutzt gommt's
Bubligum
un sucht nach sein Blatze rum.

Immer voller wär'n de Reihn,
geener baßt mähr zwischen nein.
Dichtgedrängt guckt Gobb an
Gobb
munter vom olymbschen Dobb.

Horch, se bimmeln 's erschtemal!
Schon holt ausm Fudderal
mancher jetz sei Obernglas.
(Wär geens hat,
dähr läßt den Spaß.)

Hinterm Vorhang wird gerickt,
damit nachhär alles glickt.
Festgemacht wärn de Gulissen,
die uns Illusion gähm
missen.

Zweetes Glingelzeichen deent,
un mei linker Nachbar meent:
»Wollnse ooch emal 's
Brogramm?«
Also läsen mirsch zusamm.

Eene Dame schrääch vor mir
wickelt aus e Stick Babier
e Bongbong un labt sich dran.
Da gehts dritte Bimmeln an.

Alle Diern wärn zugeklinkt.
Bloß e Lämbchen schwach noch
blinkt.

Gleich gricht de Geduld ihrn
Lohn.
Guck, dr Vorhang wackelt schon.

Dann ist der Vorhang aufgezogen, und ehrfürchtige Stille breitet sich aus. Nur in einer Reihe wird noch geflüstert:
Während des ersten Aktes von
»Rosmersholm« fragt Erna ihren Heinz:
»Du, dähr midd die langn Haare, iss das ä Ginsdlr?«
Heinz: »Halde Gusche unn bass uff!«

Sie merken schon: Der Sachse eignet sich nicht für Pathos …
Noch eindrucksvoller beweist das die folgende Theater-Geschichte:

Wallensteins Tod. Letzter Akt, letzte Szene. Wallenstein ist ermordet. Octavio Piccolomini tritt auf: »Es darf nicht sein! Es ist nicht möglich! Gordon! Ich will's nicht glauben. Saget nein!« Aber Gordon antwortet nicht. Er weist mit der Hand zum Hintergrund der Bühne, wo Wallensteins Leichnam in einem zusammengerollten Teppich hinausgetragen wird. Da hört man in einer Parkettreihe eine Frau zu ihrer Nachbarin sagen: »Übrichens, Borngräbers ziehen ooch um!«

Schließlich ist das Theater aus, und wir werden auf dem Nachhauseweg noch Zeuge folgenden Dialogs:

»Was hammse denn im Deahdr gegähm?«
»Eene Mark.«
»Nee, ich meene, was forn Schdigg?«
»Zwee Fuffzch-Fennich-Schdigge.«

»Nee, ich meene, was de Schauschbieler gegähm hamm?«
»Na, die wärns wohl umsonsd gehabbd hamm!«

Abgesehen davon, daß Sie am Preis merken, daß diese Geschichte schon eine Weile zurückliegt, ist diese Anekdote Zeuge der besonderen Eigenart des sächsischen Witzes, die es so nur noch im jüdischen Witz gibt – ich habe das Gespräch ähnlich auch in einer Sammlung jüdischen Humors gefunden. Mißverständnisse, Selbstironie und Um-die-Ecke-Denken – typisch für beide Formen von Witzen. Apropos um die Ecke:
Kennen Sie den Unterschied zwi-

schen Othello und einem Teekessel? Nein?
Also: Beim Deegessl, da sieded dähr Dee. Un beim Ohdällo, da deeded dähr sie!

Und damit wären wir bei der Oper! »Tannhäuser«. In einfachen Kutten treten die Rom-Wallfahrer auf.

»Billchergohr«, flüstert Herr Kretzschmar seiner Frau zu. Sie flüstert zurück: »Das siehd morr glei an dorr Gleidung, daß das ä billcher Gohr is!«

Aber nun wollen wir noch ins Konzert! Friedrich August von Sachsen, der letzte König unseres Landes, weilte zu Besuch in Leipzig. Ein umfangreiches Programm wurde für ihn zusammengestellt: Besichtigungen, Gespräche etc. Auch der Besuch des Gewandhauses war vorgesehen.

Allerdings räumte man ein: »Falls es zuviel wird, Majestät, könnten wir das Gewandhaus streichen!«

»Nee, nee, lassense ma, was mei Vahdr un mei Großvahdr ausgehaldn hamm, das erdraach'ch ooch!«

Als Gustav Mahler Kapellmeister in Leipzig ist, kommt er in Gedanken versunken mit brennendem Glimmstengel in den Bühnenraum. Der dienstbeflissene Oberfeuerwehrmann erwischt ihn, kennt ihn nicht und sagt: »Härnse mal, das wärd gemelld, wer sinn Se denn?«

»Ich bin der Mahler.«

»Ob Se dorr Maler oder dorr Laggierer sinn, is egal, gomm Se ma midd, gemelld wärn Se doch!«

Seinerzeit war der Professor B. im Gewandhaus ein angesehener Flötist. Zweimal im Jahr blies er ein Flötenkonzert. Von seiner Frau war bekannt, daß sie dann zu ihrem Fleischermeister ging und stolz verlangte:
»Meesdr, gähmse mir heide ä halbes Fund Gehaggdes mähr, mei Mann bläsd nämlich heide ahmd wieder das Solo!«

Und wie äußert sich der sächsische Volksmund im heutigen Gewandhaus?
Eine ältere Dame nach einem Dienstagabend-Orgelrechts-

konzert, das nicht ihren Ge-
schmack traf, zu ihrer Begleiterin:
»Un wäächn dem Mist habch Dal-
las vorbaßd!!!«

Damit Sie nicht verpassen, sich einige Vokabeln und Redewendungen einzuprägen, hören wir in der Pause noch in einige Gespräche:

Der Rang ist ausverkauft.	Dorr Dobb is gerammeld voll.
Sahen Sie schon die Oper Rigoletto?	Warnse schon im »Riechloddoh«?
Die Schauspieler sprechen zu laut.	Die blähgn awwr heide!
Herr Pätzold ist ein echter Freund des Theaters.	Dorr Bädzold is ä richdcher Deahder-Gohglich!

Die Dame hat mehrere Ketten umgehängt.	Hasde das Gebammle bei dähr gesehn?
Die neue Schauspielerin hat ein komödiantisches Talent.	Die Neie is änne buddzsche Nuhdl!
Die Herren des Balletts sind ausgezeichnet.	Die Hubbmännln hamm was droff!
Die moderne Musik gefällt mir nicht!	Die neimohdsche Musigg gehd morr offn Geegs!

Das Stück rührt mich zu Tränen.	Morr gennde diräggd fähnsn.
Frau Schneider ist etwas kurios angezogen.	De Schneidern hadd sich ja widdr angebohbeld!
War schon ein Klingelzeichen zu hören?	Hadds schon gebimmeld?
Familie Müller hat auch die Vorstellung besucht.	Müllers warn ooch drinne.

Einkauf / *Eingauf*

So schwierig ist das im Sächsischen: Die Tätigkeit selbst heißt wiederum »goofn«! Aber nun denken Sie nicht, daß wir einen »soofn«! Das gibt es nicht, also, das gibt es schon, aber nur mit »au«. Allerdings: Der Kaufmann, der heißt nicht etwa »Gaufmann«, sondern »Goofmich« … also, mich würde es nicht wundern, wenn Sie an der Stelle sagen: Das ist vielleicht ein …

Quark

»Guten Abend! Haben Sie Quark?«

»Nu nadierlich hamm mir Quark.«

»Schön. Geben Sie mir ein halbes Pfund.«

»Ja, woll'n Sie ›Gewehnlichen‹ oder ›Sahnequark‹?«

»Was ist denn da der Unterschied?«

»Nu, der ›gewehnliche‹ gosded vierzehn Fenge, un der ›Sahnequark‹, der gosded dreißig Fenge das halwe Fund.«

»Ist denn in der Qualität so ein großer Unterschied?«

»Nu nadierlich. Der ›Gewehnliche‹ is lange nich so gehaldvoll. Der ›Sahnequark‹ is doch viel feddhaldcher.«

»Na schön, geben Sie mir ein halbes Pfund ›Sahnequark‹!«

»Da hamm mir gar keen mehr da.«

Robert Zimmermann lauschte in den zwanziger Jahren diesem tiefsinnigen Quark. Ich habe auch einmal gelauscht und am Backwarenstand einer Leipziger Kaufhalle folgendes mitgehört. Ein älterer Mann kann sich ewig nicht entscheiden, welche Torte er kaufen soll:

»Un die braune, was issn das fier welche ... un wie schmäggdn die dord? ... Un was gosdedn die rosane ... un wie issn die dorrnähm ... nee, nich die ziddriche (Obsttorte mit Gelee) ... un die is wo ooch midd Buddrgrähm, oodr is das Gwahrgsahne?«

Hinter mir steht ein ebenfalls älterer Herr, der vor lauter Ungeduld schon von einem Bein auf das andere tritt, weil er die ganze Fragerei genau verfolgt hat. Als es vorn kein Ende nimmt, höre ich ihn vor sich hin sprechen: »Mänsch! Nimm ä Sagg Gardoffeln un hau ab!«

Die folgende Begebenheit war typisch für die Versorgungssituation in der DDR … ein Hauch von sächsischem Galgenhumor: Kaufhaus, Heimwerker.

»Ich hätte gern ein Abbrenngerät.«

»Da gibbs zwee Meechlichgeidn: Entweder Sie gomm hier jeden Daach zähnmal vorbeik, oodr Sie heirahdn änne Vorrgäuferin!«

Die Szene im Spielwarengeschäft dagegen ist schon ein sächsischer Klassiker:

»Ich hädde gerne ä Lewen.«

Die Verkäuferin bringt eine Schachtel und holt ein Stofftier heraus.

»Nee, das is doch gee Lewe, das is ä Diecher.«

Die Verkäuferin kommt mit einer neuen Schachtel.

»Nee, heernse, das is doch ä Leobard!«

Sie öffnet die dritte Schachtel.

»Awwr was bringse denn nu, das is doch ä Buhmah!«

Schließlich wird die vierte Schachtel geöffnet.

»Also, ich bidde Sie, das soll ä Lewe sein!? Das is doch ä Bernhardiner! Hammse denn geen Lewen!?«

Die Verkäuferin stellt mit leichter Verlegenheit fest:

»Wissense, een diräggdn Lewen hammorr nich …«

Für einige Dinge des Lebens hat der Sachse auch spezielle Begriffe erfunden, vor allem, wenn er »Anziehsachn« einkauft:

BEKLEIDUNG / *BEGLEIDUNG*

Hut	Bibbi
	Dohle
	Däggl
	Schdurmhaube
	Giebe
Frühjahrshut	Ibergangsbibbi
doofer Hut	Dunsdgiebe
Mütze	Blasr
Schirmmütze	Schebbdäggl

abgegriffene Mütze	Schbäggdäggl
Zylinder	Angsdrehre
	Glabbgasdn
	Goddsaggrlad-därne
	Rußmäzze
Frack	Schwalm-schwans
	Schwängkr
Gehrock	Fizzndidschr
kurze Damen-jacke	Affnjäggchn
Kleid	Fahne

**nicht mehr gut
erhaltenes
Kleid** Fäddzn

Riß in der Kleidung	Schlaads
baumwollene Schlüpfer	Bummber
elegante Damenschuhe	Driddchn
derbe Straßen- schuhe	Dräggdrähdr
Herren- und Damenschuhe	Gondln Gorgn Bammbuschn
Stöckelschuhe	de Hoch- haggschn
spitze Schuhe	Schbinahd- schdächr

Laufschuhe	Rennsämmln
große Schuhe	Gwadrahd-laadschn Boddn Elbgähne Gwanndn
Pantoffeln bzw. auch ausgetretene Schuhe	Lahdschn
Strümpfe	Schweesr
Handschuhe	Hanndschn
Kragen	Gallgleiste
steifer Kragen, auch Korsett	Gummd

Stehkragen	Bäffchn
Schlips	Gähgriem
Pulswärmer	Miffchn
Wollpullover	Schwizzer
Bekleidung	Gleedahsche

HAUSHALTSGEGENSTÄNDE / HAUSHALDSGÄSCHN- SCHDÄNDE

Regenschirm   Gewiddrgrigge
Musschbridze
Gewiddrflinde

Messer	Giege
Taschenmesser	Froschgiege
Fotoapparat	Affngasdn
Pfeife	Rodzgochr
kleiner Schlitten	Gähsehiddsche
Bindfaden	Bindcher
wannenartiges, schrägwandiges Gefäß	Asch
Scheuertuch	Hahdr
Topfdeckel	Schdärze

Uhr	Glabbr
	Zwiwwl
	Seechr
	Gardoffl
Fußbank	Hiddsche
Lampe	Funnsl
Laterne	Laddichde
	Laduffde
	Laduchde
verschiedene Gegenstände / Kleinzeug	Glummbaddsch
	Griemlgähse
	Gelummbe
	Gogelmohsch
	Hahbchn-Bahbchn

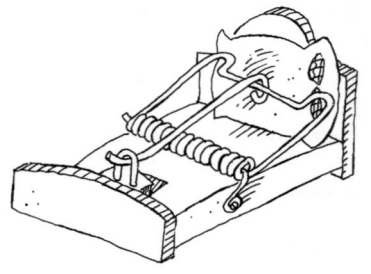

Bett

Nest
Gahn
Gondl
Flohgisde
Forzgabbsl
Glabbe
Falle

Klavier	Drahdgommode
Mundharmonika	Gaagnhobl Rodzhobl
Ziehharmonika	Zärrwansd Gwädschgommode Ziehgwiedsche Arweidrglawier

---

Ein paar Sätze vom
»Eingoofn«:

| **Die Summe ist höher, als ich dachte.** | Nu ja, es läbberd sich zäsamm. |

Die Äpfel sind nicht mehr frisch.	Die Äbbl sinn schon gans vorrschrumm-bld.
Ich habe mein Portemonnaie verloren.	Mir is mei Bordmonäh fleedn gegang.
Die Kundin wollte mich kritisieren.	Ich laß mich doch nich von dähr anflaum!
Man muß sparen.	Morr muß doch die baar Fenge (Gnäbbe) zä-sammhaldn.
Der Käse zer-läuft ja schon.	Dähr Gähse is ja gans loofsch.

Ich hole das Paket später ab.	Ich hole das Bäggl hernachens.
Dieser Grünton gefällt mir nicht!	Das is mir zu schiddscheriengrien!
Das war aber ein ungeduldiger Kunde!	Das war awwr ä rammeldeeßcher Dihb!
Dem Pelz gehen die Haare aus.	Dähr Bäls muhzld.
Ich möchte diesen Schirm kaufen.	Dähn Schärm nähmsch.

Unsere Familie verbraucht viele Lebensmittel (bzw. Genußmittel).	Mir duhn allerhand vorragahsemaduggln.
Ich muß jetzt gehen.	Nun willch mich ma vorrgriehmeln.
Wieviel kostet es?	Was machdn dähr Gram?
Nun will ich die Sachen in meiner Tasche verstauen.	Nu willch ma dähn gansn Grämbl einsaggn.
Mehr als arbeiten kann ich nicht!	Ich gann mich doch nich zorrubbn!

Natur / *Naduhr*

Es regnet stark. Das draaschd awwr.

Wir haben einen Berg bestiegen. Mir sinn off ä Bärch nuffgedieschord.

Dieses Jahr gibt es viele Marienkäfer. Dies Jahr gibbs jede Menge Mohdschägiebchn.

Die Kinder spielen am See mit feuchtem Sand. De Gindr mäddschorn midd Bäbbrmumbe.

Die Mücken stechen.	De Miggn sinn ja heide wie duddch!
Das Flußwasser riecht nicht gut!	Die Briehe mäffd awwr!
Die Vögel zwitschern laut.	Die Vehschl machn ä dischdschn Rabbadz.
Ich bin im Busch hängengeblieben.	Ich habb mich in dähm Geschdribbe vorrhäddord.
Vorsicht! Hier ragt ein Ast auf den Weg.	Bass uff! Hier gahgld ä Asd!

112

Im Gebirge benötigt man ordentliches Schuhwerk.

Im Gebärche brauchsde fäsde Drähdr.

Nach der Bergbesteigung war ich außer Atem.

Ich gonnde ohm gaum noch giebsn.

Spinnen mag ich nicht.

Gangkr findch färcherlich.

Wir haben ein kleines Feuer angezündet.

Mir hamm ä Gnäggerchn gemachd.

Es ist dämmrig.

Nu isses duhsdrich.

114

Reisen / *Reisn*

Würden Sie bitte mal kurz auf mein Gepäck achtgeben?	Dädn Se mal off mei Gelummbe uffbassn?
Ist das hier ein Raucherabteil?	Gammr hier roochn?
Darf ich Ihnen eine Zigarette anbieten?	Wollnse ooch eene?
Beeilen Sie sich!	Nu awwr flodd!
Ich möchte hier aussteigen!	Ich muß hier naus!

Kann mir bitte jemand mit Streichhölzern aushelfen?	Hamm Sie vorrleichd Feier?
Im Nachbarabteil geht es laut zu.	Die machn awwr da driehm ä Deebs.
Der Zug fährt langsam.	Die mährn awwr widdr heide.
Das Abteil ist schmutzig.	Hier isses awwr dräggsch!
Die Scheiben sind nicht geputzt.	Morr gann ja gaum nausguggn.

Der Zug ist total überfüllt.	Dähr Zuuch is gerammelde voll.
Die Kinder sind lustig.	Die hamm awwr ä Fehds!
Ist der Zug nach Berlin schon abgefahren?	Is dorr Berliner schon naus?
Ich kann meine Fahrkarte nicht finden.	Jädz habbsch meine Garde vorrsiebd.
Wann startet das Flugzeug?	Wann gehdn dähr Flieschor?

| **Ich hatte einen unruhigen Flug.** | Das war ja ä dischdsches Geschiddle! |
| **Das Flugzeug ist schon ein älterer Typ.** | Das is awwr änne lawwehde Gisde. |

118

Ich vertrage das Fliegen schlecht.

Mir wärds da immor gans goddrich.

Einige Passagiere haben sich verspätet.

Da gomm ja noch ä baar hinndorrhergegleggerd / angesäbbeld.

Ich bin viel auf Reisen.

Ich duh dauernd draußn rumguddschn.

Sprachspielereien /
Schbrach

Vor Worzn worzn schlächd, hindor Worzn worzn widdr besser!

Damit haben Sie als Nichtsachse wahrscheinlich schon Ihre Probleme ... also: Vor Wurzen wurde es ihm schlecht, hinter Wurzen wurde es ihm wieder besser. Wie gut für den Betroffenen! Bleibt noch nachzutragen, daß Wurzen eine Stadt bei Leipzig ist, die vor allem durch ihre Kekse berühmt wurde: Worzner Geegse. Das Problem von Karl Kaiser indes werden Sie ohne Schwierigkeiten verstehen:

Gaisers Garle gonnde geene
Gimmlgärner gaun.

Das ist ja fürs tägliche Leben
auch nicht unbedingt erforder-
lich!

In Bärne offm Bärche, da saßn
zwee Zwärche,

die zorrubdn nä Lärche. War das
ä Gewärche!

»Bärne« ist hier mal nicht der
Kopf, sondern die an der Elbe ge-
legene sächsische Stadt Pirna. Die
beiden Zwerge hatten anschei-
nend ganz schön zu tun, die Lärche kaputtzukriegen – drum war
das so ein »Gewärche«. Dies
Wort kann auch Gedränge be-
deuten:

So ä Gewärche in dorr Gerche –
geener will dorr Bassdohr sinn!

Wo reimt sich im Deutschen Gedränge auf Kirche!? Nur im Sächsischen! Apropos Bassdohr: Dähr Bassdohr duhd breedchn, dähr Bäggr machd Breedchn.

Damit wären wir bei Unterschied-Sprachspielereien. Kennen Sie den Unterschied zwischen Griechen und Römern?

Die Griechen können aus Römern trinken, aber die Römer nicht aus Griechen!

Ein Sachse hat das mitgehört und fragt völlig erstaunt:

»Enschuldchnse, awwr warum solldn de Remer nich aus Griechn dringgn genn!?«

Was ist der Unterschied zwischen Dresden und Leipzig?
Der Leipziger kann sich »dresden«, aber der Dresdner kann sich nicht »leipzigern«.

Die sächsische Sprache kann auch Verwirrung stiften:
»Wie heeßdn eechendlich Ihr Gleener?«
»Gindr.«
»Wie gonndn Se dähm bloß so ä Nam gähm! Wenn Se nu mal Gindr rufn, da komm doch gleich alle Gindr!«

Oder nehmen Sie einen Tiger und Tücher ... da werden »Dieschor« draus! Ein letztes Beispiel: Ich sinnierte einmal über das Wort

Fliesche

Das gann viel sinn. Fliesche. Alde Fliesche wie zum Beischbiel »Sabberlod« gann das sinn. Alde Fliesche.

Das gann ooch ne alde Fliesche sinn, die baar Daache geläbd hadd. Eene alde Fliesche.

Fliesche – des genn ooch gans alde Fliesche sinn. Die siehd morr nur im Landwärdschafdsmusäum. Fliesche – was for ä mährdeidsches Word!

Schluß

Nun haben Sie sich tapfer durch die sächsische Schriftsprache gekämpft, und es würde mich freuen, wenn Sie durch dieses Bändchen einiges über sächsische Mentalität und Lebensweise erfahren haben. Lene Voigt (1891 bis 1962), von der Sie hier einige Texte gefunden haben, hat ihre Liebeserklärung an die Sachsen »Unverwüstlich« genannt:

Was Sachsen sin von echtem
Schlaach,
die sin nich dod zu griechn.
Drifft die ooch Gummer Daach
fier Daach,
ihr froher Mut wärd siechn.

»Das gonnte noch viel schlimmer
gomm«,
so feixen richtche Sachsen.
Was andre forchtbar schwär
genomm,
däm fiehlnse sich gewachsen.

Un schwimm de letzten Felle
fort,
dann schwimmse mit un landen
dort,
wo die emal ans Ufer dreim.
So is das, un so wärds ooch
bleim.

Auf Wiedersehen!

Uff Wiedrbesähn!
Dschissi!
Machenses adche!
Machenses guud!
Machenses hibsch!

Hilfreich waren mir vor allem folgende Bücher:

Albert Kunze, 1000 und zwee Worde Säggsch, Verlag Rudolf Gleißenberg, Leipzig (sinn awwr nur 200 Wörder!)

Kurt Gerhard Franke, Ei forrbibbch, 1000 Wörter Säggs'ch, Zentralhaus-Publikation, Leipzig (hir schdimmds!)

Lene Voigt, Mir Sachsen!, Verlag A. Bergmann, Leipzig

Lene Voigt, In Sachsen gewachsen, Verlag Friedrich Rothbarth, Leipzig

Lene Voigt, Bargarohle, Bärchschaft un sächs'sches Ginsdlrblud, herausgegeben von Wolfgang U. Schütte, Zentralhaus-Publikation, Leipzig